녹두빛 저녁

녹두빛 저녁

지은이 · 김광순
펴낸이 · 유재영
펴낸곳 · 주식회사 동학사

1판 1쇄 · 2020년 12월 15일
출판등록 · 1987년 11월 27일 제10-149

주소 · 04083 서울 마포구 토정로53 (합정동)
전화 · 324-6130, 324-6131 | 팩스 · 324-6135
E-메일 | dhsbook@hanmail.net
홈페이지 | www.donghaksa.co.kr
www.green-home.co.kr

ISBN 978-89-7190-769-6 03810

※ 이 책은 대전광역시와 대전문화재단에서
사업비 일부를 지원받아 제작되었습니다.

녹두빛 저녁

김광순 시조집

Sijo Poems by Kim Kwang Sun

동학사

■ 시인의 말

녹두가 튀어 달아날까봐
때를 놓치지 않으려고 무던히 애를 쓴 한해였다

황산벌에 빚어놓은 언어가
다 저녁 때 한 짐 지고 돌아오기까지
자연 앞에서 남모르게 품어주고 다독이며 순응하였으므로,

오직,
놀뫼 지평선의 융성과 함께
내내 33년 나의 시작詩作은 현재 진행형이므로,

2020년 겨울
김광순

녹두빛 저녁

김광순 시조집

01

02

03

04

01

겨울 풍장

오지게 단단하게
자리를 지켰으나

창 쪽에 얹어둔
둥근 어깨 늙은 모과

매서운 진눈깨비에
울다 가는
저 사내

그 배면背面이 바로 시詩라

친정집 낮은 돌담 목이 쉬어 그윽하다
내려뵈는 들창 밖 질그릇 어스름히
엎어진 초승달 아래 떨어지는 오동꽃

제자리 세워두고 그 소리를 듣는다
하모니카 작은 새 사뭇 두고 보더라도
충청도 녹두가 튀어 을러대는 대목이라

여남은 틀니 빠진 찰옥수수 농법農法이라
해말쑥한 가시내 고개 숙인 사연인즉
몰라유, 나는 몰라유
그 배면背面이 바로 시詩라

봄바람 불면不眠

근간에
귀가 어둡다
언 손에
목이 마르다

촛불 앞에 푸르렀던
문수 낡은 운동화

내 청춘
깨진 화염병
저무는 봄
거기 있다

녹두빛 저녁

노을 비낀 소잔등 오두막에 날 저문다

고봉밥 사발 위에 두텁게 소금꽃 핀다

두렁길 초생달 뜬다 숟가락에 담긴다

허기진 나비가 왔다 녹두빛 모자가 왔다

다 저녁때 생인손 뒷짐 지고 오는 당신

한 됫박 하루가 갔다 고무신짝 닳았다

논산평야

허리 비운 달빛으로 가족사진 빛날 때
멀거니 그 길 따라 내 필법 묻는다면
그윽이 별이 숨은 곳
논산평야 답하네

귀 어둔 기침소리 눈에 익은 녹슨 글자
금낭화 고개 숙여 고봉밥 차려놓고
삐거덕 낡은 지팡이
저리 더디 오시네

떠나간 젊은이들 돌아오는 놀뫼 뜰
붉게 물든 소식으로 지평선이 출렁일 때
삼오일 벼꽃 피었다
논둑 질러 여문 논산

막국수가 먹고 싶다

발아래 부려놓고 반응달 빗금치다
저 많은 문서 사이 못 박힌 나를 뽑아
손수건 꽃잎 하나가
업무일지 덮었다

구석진 책상 위 말이 없는 작은 명패
이십오 년 종종걸음 가지마다 뉘엿하여
근로자 헤진 구두가
맥령麥嶺처럼 뜨겁다

구두끈 삭았지만 마음 먼저 잇닿아
삐걱대는 의자에 금융조합 사직서가
오늘은 그만, 울어 버렸다
막국수가 먹고 싶다

메아리 서쪽

무너진 돌담너머
옥피리 서늘하다

마디마디 산 넘고
마디마디 강 건너

우거진 대숲에 앉아
그 소식을 띄웠다

모시옷 안부

채송화 마당귀에 소짝소짝 울어서
밥알 먹은 모시옷 넌지시 한 점 붉은
가마솥 밥물자국이 칠순 주름 지납니다.

소나기 구만리가다 천수답에 머물다간
처마 밑 돌절구에 무지개 쉬었다간
대나무 마디 계단을 밟고 가는 먼 생각

귀뚜라미 두엇이 화답하는 풀섶에서
크고 작은 옥수수 수염발이 뉘엿해서
봉당에 굽어진 허리 가뭇없이 웃습니다

임실*

침상에
흰죽사발
비워지지
않던 끼니

친정집 간장종지
찾아들고 갔건만

산국화
한 무더기가
밥풀
밥풀
앉으셨네

---

* 임실 호국원 6.25전쟁 참전용사 묘역에 부모님께서 안장되어 계시다.

바람의 종점

황모필黃毛筆 한 자루로 단검을 벼리다가

반야산 허리 숙여 은진미륵 품다가

바람은 돌탑 아래로 묵은 허물 벗다가

계룡 지나 지평선 놀뫼 샛강 건너가

그득히 별이 숨은 곳, 강경포구 머물다가

간이역 마냥 푸르러 발을 멈춘 밤기차

백제의 달

날것들 안팎으로 결기가 사라진 뒤

벼는 익어 고개 숙인 한 필지 들판이라

어젯밤 농법農法 시법詩法이 하늘 위에 떠 있다

벽

아득하게 익어가는 노을도 장엄하다

천지간 짐승만이 서럽게 우는 유월

누군가 어디에선가 손 편지로 서 있다

지뢰밭 무덤가에 어린 병사 철쭉꽃

저고리 하얀 찔레꽃 어머니 손 내민다

가늠쇠 총구사이로 다가서는 국경선

02

붓꽃

비단강

뿔을 세우며

산이 내려와

생가의 오월

소의 발잔등

안경을 쓰며

은비녀 저쪽

주인공 닮다

감나무 이순

초승달

칠석

붓꽃

한 발짝 물러서다 서쪽으로 기운 꽃

붓이 되어 찾아와
뒤집어 쓴 먹물접시

가만히 다가갈수록 한 소절씩 서러워

비단강

알고 보면 모든 것이
생명 아닌 것 있을까

흰나비 풀꽃에 슬그머니 앉혀두고

밥풀이 물 위에 뜨는
울 아버지 긴 봄날

뿔을 세우며

문고판文庫版
시집을 품고
밤과 낮을
보낸다

오랫동안 꼭 쥐고 간명하게 읽는다

부엉이
궁둥이뼈가
다시 쓴다
졸다
깨다

산이 내려와

눈발이 묏부리에 활시위를 당긴다

눈썹 아래 어스름 한 마장 지났을까

바닥에 산이 내려와

다 비우고 서 있다

생가生家의 오월

아자창亞字窓
마른 뼈에
한 청춘
불 밝혔다

뿌리에서 뿌리로
한 가문이 열린다

이즈막
제 살을 찢어
꽃이 한창
피었다

소의 발잔등

마지막 급여를 받고 멀건이 숨이 차다

쉰 넘어 아홉 고개 이고 지던 허리춤

워낭이 턱 아래 붉어

발잔등에 기댄다

안경을 쓰며

내 빰에
주름지고
침침한
저녁이 왔다

줄 서서 숨 고르듯
빼곡한 활자 앞에

어둠도
깊어 가는가
휘어지는
저 곡선

은비녀 저쪽

따뜻한 어느 봄날 은비녀로 오시었다

귓가에 등을 켜고 몸 낮추어 앉으셨다

두어 날 안부를 묻고

어머니는 가시었다

주인공 닮다

목소리 낮추시게
그침 없이 읽으시게

해와 달 품으시게
높은 자세 낮추시게

엊그제 내게 온 사람
아무 말 하지
마시게

감나무 이순耳順

버려둔 하늘가에 스쳐간 별 하나가

벼랑 끝 돌고 돌아 용케도 내게 와서

감나무 그늘발치에

슬쩍 누운 이순耳順이여

초승달

땅거미 내릴 무렵
잠시, 들렀다가

말 한마디 못하고
속울음만 놓고 간

고라실
구부러진 산길에
찔레 이모
머리핀

칠석七夕

늦여름 다 갈 무렵 문고리 설핏했다

보아라, 샛강 지나 일 년을 건너왔다

북극성 머나먼 거리

모래알만한
연애담!

03

사루비아

연이틀
퍼붓다가
양껏 내린
비 그치자

다짜고짜 소리를
질러대는 말매미

당신께
피 묻은 시詩
속수무책
바친다

붕어빵 철학

도시의 저물녘은 빗장뼈를 닮았다

성당을 끼고 돌아 집으로 가는 길목

저만치 세한을 보낸 종소리가 그렇다

사는 일 고개 숙여 제자리 움켜쥐고

무거운 발걸음도 어제보다 뜨거워

붕어빵 날선 비늘도 눈높이를 낮췄다

외등처럼

수취인
어깨 위로
불빛이
흔들린다

그를 향해
걸음 멈춘
누군가가
서 있다

잊었던
주소를 찾아
그가 왔다
외등처럼

혼자 가는 섬

백로가 날아간다 해넘이 산등을 타고
직책 없는 하루가 내 창문을 닫으며
계약직 앉은 자리가
저물녘에 더 맑다

석간신문 하단에 저마다 올린 광고
스스로를 낮추고 잠시 멈춘 경계너머
으깨진 생수 빈 병이
눈물보다 작아서

저마다 가는 길이 비탈진 산이래도
찌푸린 서류더미 넌지시 지나가도
산 입에 혼자 가는 섬
흙 한줌씩 엎드렸다

휴休

– 달빛 아래서 붉나

마당엔 채송화가 댓돌위엔 고무신이

낮은 지붕
생가에
이순 넘긴
소 한 마리

떨어진 감꽃 몇 송이 별이 되는 밤이다

심장의 눈금

닫힌 맘 걱정되어 세상을 멀리 본다

눈썹 아래 약수터 심장의 눈금으로

한 됫박 퍼마시면서

헐떡이는 생이다

곡비

세상 좀 뒤집겠다나,
장기판 엎드려서

벼슬 못한
동반東班 서반西班
장군 멍군
끌고 가다

쥐 수염
몇 가닥 쥐고
한량없이
가볍네

해동갑同甲*

삭신 아픈 하루 해
지붕 너머 가기 전

배앓이 어린 여동생
닭똥을 주워 먹던

한고비
녹작지근한
놀뫼 지평
사람들

"거지반 다 심었유 깔다귀 물어쌌는디
꼬두머리 아제헌티 당부혀서 금시했유
다랭이 작은 당숙이 쬐끔 거들고 끝냈쥬"

---

* 해가 질 때까지.

매화론梅花論

돌쩌귀 언 창가에 기름등잔 고왔어라
남몰래 무엇엔가 반쯤은 한눈팔았어라
닭 벼슬 잠들었을 때 옛글에게 덤볐어라

놀란 경전 두어 권 눈 덮인 마당귀에
우렛소리 틀어잡아 처마 끝 감아 도는
내 곁에 눈물겹고 나,
북향집에 홍매화

서울 입문

초회추천
금방 마친
1986
즈음인가

명동 설파소극장
충청도
어린 문사文士

베레모
월하*시인의
그저,
쌀 한 톨 만한

---

* 이태극 시조시인

계룡산 철화분청鐵畵粉靑

노송은 돌아앉아 멀찍이 하염없네
아는 길도 물이시 오리쯤 올라보니
도공은 술이 괸 얼굴로
목단당초牧丹唐草 먼저 피고

휘두른 귀얄 필적 행로를 찾았는지
계룡안쪽 눈과 귀 철화어문 몰려나와
산지기 족보 태우 듯 어깨 죽지 가볍네

반쪽만 남은 석양 넘어가는 순간까지
백토 한 틀 짊어진들 가랑잎 날개인 양
분청자粉靑瓷 임금봉 올라 가부좌를 하시었네

후박나무 시

꽃들도 저무는 날 마당가에 앉으면

보라색 하늘을 이고 입추가 오나보다

새떼들 날아간 자리

후박나무 혼자서만,

04

고등어 등을 미는 바다는

돌아갈 배편도 없이 맨발로 귀향 왔네
서녁 식탁 모퉁이 겨울비는 내리고
다시금
묻지 않아도
그녀 뺨은 붉었네

생전에 사람보다 검고 질긴 근육은
비릿하게 잠재운 파도와 일별하고
고등어
등을 미는 바다는
싸리채반에 앉았네

어쩌다 변방

- 코로나19

생각도 변방에 와 물 한 잔 마셔본다

닳아진 저쪽 시간 등 보이고 가는 사람

주워든
갈잎 한 장을 차마,
거절할 수 없었다

너를 지우며

가녀린
목만 길세
한 생
글만 썼나

엊저녁
귀뚜리 악사
제1악장
휘어들어

외워본
당시唐詩 한 구절
구절초꽃
그렇게,

나의 시작법

마당비
골목 지나
햇살 바른
산고랑

복사꽃
내 곁에 와
한 열흘
머무르다

마음에
독가촌 짓고
봄이 간다
나비야

사과 속 사과나무는

당초부터 봄이었다,
상강霜降이 오기 전에
과도가 밀어내는
야트막한 과수원
천천히 사과 껍질은
붉은 길 내고 있다

홍옥의 낮과 밤이
수북하게 쌓였다
잘 익은 늦가을
하늘도 단맛 들어
아무도 모르게 심은
사과 속 사과나무는

문맹자의 봄

동구 밖 허허벌판 목숨마다 고우시다
우묵한 일곱 점 눈물 담긴 북두처럼
종지뼈
허연 문풍지
빠져나온
사월에는

유모차 고즈넉이 밀고 왔을 경로당에
뿔소라 단맛짠맛 시집살이 끌고 왔을
두리봉
맹씨 할멈들
진짜 시詩
쓰신다고!

고삐

마루 밑 쓸어내도 댓잎 날아 제각각

채마밭 그럭저럭 파꽃 피어 나비 날고

일곱 살 자막대기가 짧게 쓰는 일기장

사나흘 종종걸음 감꽃 줍던 정지리定止里

칠십칠 년 그 얼굴 눈물 자국 울컥해서

어디여* 마른 허공에 쇠죽가마 보냈다

---

* 소가 길을 잘못 들려 할 때 바른 길로 모는 소리.

귀촌

자투리 땅 일궈놓고 누군가 기다린다

햇살 한 줌씩 모아 두렁길도 열어놓고

날아온 쇠백로 한 쌍

눈부신 저 깃털은

초여름 삽화

젊은 베르테르가 삼대 째 꽂혀있고

교과서와 나란히 필사본이 파릇하던

찬연한 오동책상에 뼈를 묻는 밤이었다

한 뼘 반 시詩의 탯줄 궁극스레 젊어서

흠뻑 젖은 고요가 생장점 끝에 앉아

그 생명 무성영화가 시조 삼장 길을 갔다

강경포구의 일몰

고부라진
비단강
옥녀봉을
넘어서

먼 길 가는
새우등
굽이굽이
어스름

비린내
젖은 노을이
포구 밖에
걸린다

놀뫼 가는 길

고개 숙인 제비꽃
그 잎에 또 한 송이

손톱눈 물어뜯고 쳐다 본 하늘에는

노을녘 모시 한필이 속절없이 흘러갑니다

해설

순정한 별들이 빛나는 녹두빛 충청도 시학

이경철(문학평론가)

"땅거미 내릴 무렵/잠시, 들렀다가//말 한마디 못하고/속울음만 놓고 간//고라실/구부러진 산길에/찔레 이모/머리핀"

–「초승달」 전문

절제되고 완숙된 서정의 참맛과 깊이

김광순 시인의 다섯 번째 시조집 『녹두빛 저녁』은 읽을 맛과 멋이 있다. 시그널만 툭툭 던져놓고 나 몰라라 하는 시편들이 곰곰 다시 읽게 만든다. 그러면서 우주 삼라만상과 하나가 되는 본래 심성으로 돌아가 우리네 삶의 정情과 한恨을 오롯이 독자 몫으로 남겨 나름으로 구성해 읽게 만드는 맛과 깊이가 있다.

『녹두빛 저녁』은 김 시인이 태어나 자라고 일하며 살아온 충청도가 낳은 시집이다. 우리가 익히 알고 있는 충청도 특유의 말맛과 어투가 그대로 시법詩法이 돼 쓴 시집이다. '냅둬유~'하는 투박하고 몰인정해 보이는 어투이면서도 곰곰 들여다보면 금강의 비단결 같은 충청도의 속살, 심성을 읽을 수 있는 시집이다.

시조는 3장 6구 45자 안팎으로 정련 압축된 우리 민족 특유의 정형시다. 『녹두빛 저녁』은 그런 정해진 형식에 맞추면서도 여느 시조보다 훨씬 더 지극히 압축돼 있다. 근래 자유시단 쪽의 장황하게 길어지고 있는 시에 대한 반성으로 일고 있는 '극서정시極抒情詩'의 한 모범을 이번 시집은 보여주고 있다. 장과 구, 행과 행의 문맥, 콘텍스트 거리를 멀게 해 그 먼 거리의 여백에서 독자들 나름의 정과 한을 주저리주저리 풀게 한 시집이 『녹두빛 저녁』이다.

이번 시집의 그런 특장을 잘 드러내고 있어 맨 위 제목 아래 제사題詞로 올려놓은 시 「초승달」을 보시라. 초승달을 소재로 하여 묘사해 놓은 시다. 음력 초사흘 어둑해지면서 서쪽 하늘 끝에 잠시 보이다 이내 지평선 너머로 사라지는 달이 초승달이다. 초장 '땅거미 내릴 무렵/잠시, 들렀다가'처럼 땅거미 내리는 녹두빛 저녁에 잠시 보이는 달이다.

그런 초승달이 중장에서는 인격화되고 있다. '말 한마디 못하고/속울음만 놓고 간'이라고. 천 마디 만 마디 말보다 더 많은 게 '속울음' 아니겠는가. 종장에서는 그런 속울음을 '찔레 이모'가 받는다. 우리네 인생사처럼 구부러진 산길을 돌아 있는 충청도 어느 고을일 '고라실'에 사는 이모의 속울음이다.

아니다. 그런 이모의 '머리핀'이 '속울음'을 받고 있다. 머리핀은 물론 초승달의 시각적 이미지다. 해서 초승달도 이모도 머리핀도 구부러진 산길에 핀 하얀 찔레꽃도 모두모두 무등하게 하나가 된다. 그렇게 보는 시인도 그렇고 그렇게 감상할 독자도 그렇다. 속울음 하나로 삼라만상이 이심전심 하나가 돼가고 있는 시가 「초승달」이다.

김 시인은 1988년 충청일보 신춘문예 당선, 『시조문학』 추천 완료로 등단했다. 첫 시조집 『물총새의 달』 이후 『새는 마흔쯤에 자유롭다』 『고래가 사는 우체통』 『달빛 마디를 풀다』 등의 시집을 펴내는 족족 문예진흥기금, 세종우수도서 등에 선정되며 문단과 독자들에게 주목을 받아왔다.

"형식은 단아하고 말씨는 조곤조곤하고 언어는 매우 곰살스럽다. 모국어에 대한 십분 배려와 사랑이 배어 있어 '묵은 가지에 열리는 새로운 열매'가 그냥 가슴에 확 와서 닿는 뭉클함과 상큼함이 있다." 같은 충청도에서 시작詩作 활동을 펼치며 독자 대중의 사랑을 받고 있는 나태주 시인의 김 시인 시편들에 대한 평이다.

"자신을 한편으로는 연단하고 한편으로는 비우면서, 정형의 미학적 정수精髓에 이르는 과정을 선명하게 보여준다. 그의 시편은 한결 같이 자연 사물을 통해 정신적 원숙함에 다다르는 과정을 경건하게 그려내고 있다." 시조와 자유시 양

쪽 평단에서 포용력 넓으면서도 균형 잡힌 평으로 성가가 높은 문학평론가 유성호 씨의 김 시인의 시세계에 대한 평이다.

이렇게 기존 평들은 조곤조곤하고 곰살스런 언어와 시조의 정형 미학의 정수를 상찬하고 있다. 그와 함께 자연과 동화돼가는 정신적 원숙함의 시세계를 높이 사고 있다. 이번 시집 『녹두빛 저녁』에는 그런 시세계의 특장을 잘 살리면서도 시인이 뿌리내리고 살 부비고 사는 향토의 구체성으로 자연 삼라만상과 무등하게 일체돼가는 지극히 절제되고 완숙된 서정이 한층 돋보인다.

충청도 어투와 농촌공동체가 낳은 농법시법

여남은 틀니 빠진 찰옥수수 농법農法이라
해말쑥한 가시내 고개 숙인 사연인즉
몰라유, 나는 몰라유
그 배면背面이 바로 시詩라

세 수로 된 연시조 「그 배면背面이 바로 시詩라」 마지막 수다. 종장 마지막 구가 그대로 제목이 됐듯 김 시인 자신의 시관詩觀을 밝힌 '시론시詩論詩'로 읽어도 좋을 시다.

사랑한단 고백을 듣고, 말쑥한 가시내가 '몰라유, 나는 몰라유'라고 충청도 사투리로 말하는 그 배면, 속내가 시라는 것이다. 미주알고주알 다 말하지 않는 충청도 어투가 그대로 자신의 시라고 토로하고 있는 것이다.

그러면서 초장에서는 그런 충청도 어투를 '찰옥수수 농법'이라고도 표현하고 있다. 틀니가 듬성듬성 빠져 성글면서도 찰진 옥수수 농법이 자신의 시법詩法이란 것이다.

그렇다. 『녹두빛 저녁』 시편들은 알갱이가 숭숭 빠진 옥수수같이 문맥文脈이 성글게 엮여 콘텍스트가 자연스레 연결이 되지 않는다. 그 성근 문맥이 바로 삶의 배면이고 끝간 데 없는 삶의 신비이고 깊이이고 진실이다.

사랑한다 아무리 말하려 해도 그 사랑의 진실을 '몰라유, 나는 몰라유'보다 더 잘 전할 수 없음을 우리는, 그리고 언어는 체험상 익히 알고 있지 않은가. 그래 좋은 시편들은 그런 일상의 문맥들을 건너뛰고 어긋나게 하는 것이다.

그런 시법을 시인은 초장에서 '여남은 틀니 빠진 찰옥수수 농법農法이라'고 확실하게, 구체적 이미지로 잡아내고 있다. 아닌 게 아니라 지평선이 보이는 논산평야에서 나고 자란 김 시인의 시편들에선 '농법'이 그대로 '시법'이 되고 있다. 흙과 자연과 어우러지는 향토성과 농촌공동체, 나아가 민족 전래의 심성이 시를 일궈가게 하고 있다.

> 날것들 안팎으로 결기가 사라진 뒤
> 벼는 익어 고개 숙인 한 필지 들판이라
> 어젯밤 농법農法시법詩法이 하늘 위에 떠 있다

단수로 된 「백제의 달」 전문이다. 옛 백제의 하늘에 떠 있는 달을 '농법시법'으로 보고 있는 시다. '달'에 대한, 그렇다고 '농법시법'에 대한 아무런 묘사나 설명도 없이 그냥 제목과 시조의 시안詩眼이랄 수 있는 종장 둘째 구에서 툭 던져 놓고 있다.

각 장을 한 연으로 잡아 넓은 여백을 둔 위 시에서 그 여백만큼 장 사이의 거리는 멀다. 각 장이 순연하게 연결되지 않고 각각 독립된 이미지만 던지고 있다. 초장에서는 모기도 입이 비뚤어진다는 처서處暑라는 계절의 기운을 내비치고 있다. 모기 등 물것들뿐만 아니라 욱일 생장하던 만물이 이제 가을로 접어드는 우주적 기운을 잡아내고 있다. '결기'가 제목의 '백제'와 연결되며 계백장군의 황산벌을 떠오르게도 한다.

중장은 벼가 익어가는 들판의 이미지를 내던지고 있다. 문면文面 상으로는 초장과 대구를 이루며 '날것'과 '익은 것', '결기'와 '고개 숙인'의 대조로 읽을 수도 있다. 즉 인간의 펄펄뛰는 미성숙과 고개 숙인 원숙함의 대비로 읽을 수 있다.

아, 그러나 냅둬라. 김 시인의 '농법시법'의 시는 그것만은 아닐 것이다. 위 시에는 우주 순환의 절기가 있고 익으면 숙이는 자연의 섭리가 있다. 날것들도, 고개 숙인 벼도, 달도 그런 섭리로 분별없이 하나가 되고 있는 것을. 한 장을 한 연으로 나눈 여백만큼 농법시법의 시에는 독자가 채워야할 몫이 많다. 해서 '농법시법'에 따른 이번 시집의 좋은 시편들의 주인은 시인이 아니라 독자다.

목소리 낮추시게
그침 없이 읽으시게

해와 달 품으시게
높은 자세 낮추시게

엊그제 내게 온 사람
아무 말 하지
마시게

단수로 된 「주인공 닮다」 전문이다. 독자 여러분이 주인공이 되어 이 시편들을 완성해가며 거침없이 읽어달라는 시인의 말로 내겐 읽히는 시다. 목소리와 자세를 낮추고 해와 달 일월성신과 삼라만상을 다 품어가며 읽으시라고.

그리고 가슴에 뭉클하게 와 닿는 것 있으면 꿀 먹은 벙어리처럼 아무 말 하지 마시라고. 말하면 그런 감동의 맛과 진실은 거품처럼 사라져버릴 것이니. 그런 진중한 독자의 자세에서 쓰고 읽히는 시가 이번 '농법시법' 시편들이다.

수용미학적 관점에서 시를 시로 존재하게 하는 시성詩性은 시 텍스트 자체에 있는 게 아니다. 텍스트와 독자 사이의 소통에 의한 수용에 있다. 시 텍스트에서 일상적 의미를

벗어난 난해한 문맥이나 침묵의 공간은 텍스트 각 층위의 상호작용에 의해 희미하게라도 제시해주게 마련인 길을 따라 독자들이 그 의미를 나름으로 구체화해가며 시 작품을 완성해나간다는 것이다.

그리하여 좋은 시편들은 구차한 설명이나 메시지로 독자들을 이끌지 않는다. 녹두빛 저녁 어스름 속 기찻길 선로 지시등처럼 시그널만 희미하게 밝혀줄 뿐이다. 시인보다, 시 텍스트보다 더 깊고 넓은 독자들의 세계와 감동을 위해. 김 시인의 '농법시법'이 그렇다.

삼라만상 한 생명으로 껴안는 성글고도 찰진 시

허리 비운 달빛으로 가족사진 빛날 때
멀거니 그 길 따라 내 필법 묻는다면
그득히 별이 숨은 곳,
논산평야 답하네

귀 어둔 기침소리 눈에 익은 녹슨 글자
금낭화 고개 숙여 고봉밥 차려놓고
삐거덕 낡은 지팡이
저리 더디 오시네

떠나간 젊은이들 돌아오는 놀뫼 뜰

붉게 물든 소식으로 지평선이 출렁일 때
삼오일 벼꽃 피었다
논둑 질러 여문 논산

세 수로 된 「논산평야」 전문이다. 시인의 고향 논산의 평야를 소재로 해 세 수 각기 다른 측면에서 다루고 있다. 첫 수에서는 가족사진을 들이밀고는 전혀 다른 데로 빠지고 있다. 자신의 필법은 그득히 별이 숨는 논산평야와 같다고. 자신의 필법, 시법은 별뿐 아니라 논산의 삼라만상 모든 것을 가족처럼 멀거니 품는 것이란 걸까.

둘째 수는 고개 숙여 피고 있는 우리네 야생화 금낭화 이미지가 이끌고 있다. 구부러진 모습에서 지팡이가 나오고 종 같고 밥그릇 같기도 한 금낭화 꽃 이미지에서 고봉밥이 나오고 있다. 낡은 지팡이에서 녹슨 글자가 나오고 눈에 익은 녹슨 글자가 귀 어둔 기침소리를 낳고 있다. 살 부비고 살아 낯익은 향토가 낳은 이미지들이다. 이 이미지들은 더디고 귀 어두운 낡은 글자가 삐걱거리면서도 속내는 다 전하고 보듬는 논산평야의 농법시법에서 나온 것들이다.

셋째 마지막 수에 와서야 드넓은 놀뫼, 논산평야가 제대로 잡힌다. 우리 한반도에서는 해가 붉게 떨어지는 지평선이 보일 정도로 호남평야와 이어지며 끝 간 데 없이 드넓은 논산평야. '삼오일 벼꽃 피었다/논둑 질러 여문 논산'이라는 종장, 서정의 절구絶句에서 벼꽃이 피고 벼가 여물면 삼라만상도 여물어 고봉밥 차리는 논산을 그리고 있다. 떠나간 젊은 이들도 귀농하는 논산을 낙관적으로 맺고 있다.

노을 비낀 소잔등 오두막에 날 저문다
고봉밥 사발 위에 두텁게 소금꽃 핀다
두렁길 초생달 뜬다 숟가락에 담긴다
허기진 나비가 왔다 녹두빛 모자가 왔다
다 저녁때 생인손 뒷짐 지고 오는 당신
한 됫박 하루가 갔다 고무신짝 닳았다

이번 시집의 표제작인 「녹두빛 저녁」 전문이다. 두 수로 된 이 시에서 각 장은 한 행보다 더 넓게 연 처리로 했고 앞 수와 뒤 수도 딱히 가르지 않았다. 그만큼 각 장이 앞뒤 장 콘텍스트에서 자유롭게 독립되어 있다.

매 장 각기 다른 이미지만 툭툭 던져놓고 있다. 어떤 서술이나 서사 이야기도 없이 매정하게. 그래서인가. '농법시법'으로 쓴 시편들의 톤은 위 시처럼 상당히 남성적이고 거칠게 보이기까지 한다.

그럼에도 던져놓은 이미지들을 조근조근 음미해보시라. 우리네 농촌공동체 정한이 그대로 묻어나고 있지 않은가. 허기진 배에 고봉밥 안기듯 말이다. 그러면서 어스름 내리는 박모薄暮의 녹두빛 이미지가 혹여 여직도 곪아터져 아픈 손 뒷짐 지고 오는 녹두장군을 부르고 있지는 않은지. 여전히 한 됫박에 목숨 걸고 고무신짝 다 닳도록 살아내야 하는 중생들의 미륵으로서 말이다.

알고 보면 모든 것이
생명 아닌 것이 있을까

흰나비 풀꽃에 슬그머니 앉혀두고

밥풀이 물 위에 뜨는
울 아버지 긴 봄날

단수로 된 「비단강」 전문이다. 초장과 종장은 두 행 두 연, 중장은 한 행 한 연으로 잡은 시다. 그냥 행 나눔만 해도 될 걸 연으로 처리해 넓은 여백을 뒀다. 행간에서 독자들의 널널한 상상을 위해서일 것이다.

제목으로 보아 고향 논산평야를 흐르는 금강錦江 비단강을 그린 시다. 그런데도 비단강 이미지는 시의 문면 어디서도 찾아보기 어렵다. 시인의 마음속에 들어와 심성화된 비단강의 속살 이미지를 던져놓고 있는 시로 볼 수 있다.

봄날 이 산 저 산 공명하며 우는 소쩍새 소리도, 소쩍새 소리에 우수수 휘날려 금강 위에 비단실처럼 흐르는 송화가루도 생명 아닌 것이 없다. 그렇게 모든 생명을 안고 충청도 옛 백제 땅을 흘러 바다로 가는 비단강을 초장에서는 읽을 수 있을 것 같다. 그런 비단강에 살며 시인은 자연스레 우주 삼라만상의 무등등한 생명을 발견하고 있는 것이다.

중장은 참 서정적이다. 곤궁하고 바쁜 일상 중에도 잃어버려서는 안 될 여유로서의 풍류風流다. 비단강변 풀꽃 위에 앉은 나비를 능동적으로 바라보며 우주 운항의 일원으로서의 삶의 멋과 깊이도 묻어나는 서정이다.

그러다 종장에 와서는 금강이 우리네 서러운 삶 속으로 흘러들며 구체화되고 있다. 옛날 아버지도 그랬고 지금도 그런 춘궁기 긴 봄날의 허기가 밥풀로 흘러가고 있다. 김 시인의 시편들에는 '고봉밥', '밥풀' 등 밥의 이미지가 참 많이 나온다. 논산평야 출신이고 또 농촌공동체에서 자연스레 나온 이미지일 것이다. 그만큼 김 시인의 밥 이미지에는 우리 민족의 전통적 정한이 서려있다.

이렇게 「비단강」은 짧은 단수로도 독자들에게 많은 상상을 불러일으키게 하고 있다. 우주 한 생명으로서의 각성이 있고 그 생명들이 세세연연 몸 바꾸어 흐르는 우리민족 고유의 사상인 풍류도가 있다. 그러면서도 춘궁기 긴 봄날 민족 전통의 정한을 흐르게 하고 있다. 듬성듬성 이 빠진 찰옥수수 같은 '농법시법'이 그런 서정의 폭과 깊이를 독자들에게 찰지게 안기고 있다.

오지게 단단하게
자리를 지켰으나

창 쪽에 얹어둔
둥근 어깨 늙은 모과

매서운 진눈깨비에
울다 가는
저 사내

단수로 된 「겨울 풍장」 전문이다. 시 한 편 전체를 대변해 주는 제목에 따라 무슨 겨울 풍장 풍경인가 했더니 창 쪽에 얹어 오지게 모셔둬 말라가는 모과를 그리 묘사한 시로 보인다. 그러다 종장을 보니 '둥근 어깨 늙은 모과'가 아연 '울다 가는/저 사내'로 바뀌고 있다.

그러고 보니 둥근 어깨 들썩이며 울고 가는 늙은 사내가 매서운 진눈깨비에 풍장당하는 풍경을 그린 시로도 볼 수 있겠다. 오지게 단단하게 지켜낼 평생직장인줄 알았는데 어느날 갑자기 눈보라 몰아치는 매서운 거리로 쫓겨나 풍장당하고 있는 삶이 기하일 것인가도 우리 사회의 현실적 측면에서 떠오르게 하는 시다.

발아래 부려놓고 반응달 빗금치다
저 많은 문서 사이 못 박힌 나를 뽑아
손수건 꽃잎 하나가
업무일지 덮었다

구석진 책상 위 말이 없는 작은 명패
이십오 년 종종걸음 가지마다 뉘엿하여
근로자 헤진 구두가
맥령麥嶺처럼 뜨겁다

구두끈 삭았지만 마음 먼저 잇닿아
삐걱대는 의자에 금융조합 사직서가
오늘은 그만, 울어 버렸다
막국수가 먹고 싶다

세 수로 된 「막국수가 먹고 싶다」 전문이다. '금융조합 사직서', '울어 버렸다'는 구절로 보아 사직한 날의 심경을 다룬 시처럼도 보인다. 그런데도 제목으로 잡은 마지막 행 '막국수가 먹고 싶다'는 구절이 속된 말로 너무 쿨하다. 나 몰라라 툭툭 털고 일어서는 이런 쿨한 낯이 김 시인 시의 특징이기도 하다.

첫 수 첫 행부터 쿨한 이미지만 던져놓고 있다. 아랫사람 실컷 부려 먹고 나서 빗금 쳐서 해고한 이미지인지, 지는 해 블라인드 커튼 사이로 들어와 발아래 반응달 빗금 그림자 이미지인지 헷갈리게 한다. 아무튼 더 확산돼가는 이미지이면서도 빗금친 반응달로 슬픔이 묻어나는 이미지다. 그러나 전혀 슬픔의 서사, 사직의 아픔은 전하지 않는다. 중장에서는 극히 사실적인 냉정함으로, 종장에서는 서정적으로 되받고 있을 뿐이다.

둘째 수에서는 자신을 더욱 냉정하게 객관화, 사물화 시키고 있다. 구석진 책상 위 작은 명패, 25년 종종걸음 친 근로자의 헤진 구두로 사물화하며 냉정하게 반추하고 있다. 맥령, 허기진 보릿고개 넘듯 뜨겁게 일했지만 가지마다 뉘엿한 서산의 해처럼 가야할 때가 됐음을 '뉘엿하다'는 이미지로 보여주고 있다.

마지막 셋째 수에서는 그래도 '마음 먼저 잇닿'은 정든 의자, 직장을 떠나야하는 설움을 꾹 참고 있다. 그래 시인 화자話者가 아니라 '사직서'가 대신 울게 한다. 그러면서 쿨하게 막국수가 먹고 싶다는 딴청이 독자들을 더욱 울리고 있다. 명예퇴직이다 뭐다 하며 자의반 타의반으로 직장을 떠나는 수많은 사람들에게 자존과 함께 적잖은 공감과 위로로 읽힐 시다. 현실 비판이나 질질 짜는 신파조가 없어 품격 있게 읽힐 시다.

마지막 급여를 받고 멀건이 숨이 차다
쉰 넘어 아홉 고개 이고 지던 허리춤
워낭이 턱 아래 붉어
발잔등에 기댄다

단수로 된 「소의 발잔등」 전문이다. 제목으로 보아 발잔등에 턱을 붙이고 편하게 엎드려 쉬고 있는 소를 그리고 있는 시다. 이고 지고 고되게 일하다 숨을 몰아쉬며 쉬고 있는 소에게 쉰아홉까지 일하다 마지막 급여를 받은 화자의 심경을 이입시키고 있는 시로 볼 수도 있겠다.

그러나 아니다. 김 시인의 '농법시법'의 시는 농촌공동체며 우주공동체에서 나온 시다. 서구시 이론의 인간 위주의 감정 이입이나 은유가 아니라 삼라만상 유기체적 한 생명의 실감에서 나왔다. 해서 그런 소나 화자의 분간이 없다. 소와 화자가 한데 어울려 고단한 삶과 휴식에 대해 편안하게 반추해보게 하고 있다. 여직도 그 효험이 변함없는 우리네 고향이며 농촌 서정이 빛나는 시편이다.

내 뺨에
주름지고
침침한
저녁이 왔다

줄 서서 숨 고르듯
빼곡한 활자 앞에
어둠도
깊어 가는가,
휘어지는
저 곡선

단수로 된 「안경을 쓰며」 전문이다. 이번 시집에서 보기 드물게 시인 화자가 비교적 직설적으로 자신을 드러내고 있는 시다. 뺨에 주름지고 눈에 침침한 저녁이 와 안경을 써야 될 나이에 이르렀다고. 초장에서는 누구든 쉽게 공감하도록 했다.

중장에서는 빼곡한 활자를 '줄 서서 숨 고르듯'이라며 활물화시켜 놓고 있다. 아직도 그렇게 단정히 서서 어서 읽어 주라는 활자들처럼 읽고 할 일은 많은데 날은 어두워가고 있음을 드러내고 있다.

그러다 종장에서는 쉽게 읽히지 않고 독자 나름으로 다의적으로 해석할 것을 권하고 있다. 눈에 저녁이 와서 어둠이 깊어가 줄 서서 숨 고르는 직선의 활자들이 휘어져 보인다고 읽을 수도 있다. 나아가 '어둠도/깊어 가는가'에서 조사 '도'에 주목하면 어두워질수록 직선에서 곡선으로 나가는 인생 경륜의 한 지경으로 읽힐 수 있을 것이다. 그렇게 시인은 정년停年과 늙어감에도 덤덤하게 순응하고 있음을 읽을 수도 있겠다.

버려둔 하늘가에 스쳐간 별 하나가
벼랑 끝 돌고 돌아 용케도 내게 와서
감나무 그늘발치에
슬쩍 누운 이순耳順이여

단수로 된 「감나무 이순耳順」 전문이다. 나이 예순을 맞은 소회를 감탄으로 풀어놓고 있는 시다. 그런데도 시인이 아니라 별과 이순이 하나가 되어 감탄을 자아내고 있다. 역시 삼라만상과 그것들의 비밀한 속내를 드러내는 최소의 언어들이 어우러져 빚어내는 농법시법의 김 시인 브랜드 시다. 그만큼 넓고 깊이도 있으며 무엇보다 시의 풍격을 높이고 있다.

그렇다. 이순이면 버려둔 하늘가에 스쳐간 순정한 시절의 별이 다시 돌아와 누울 나이다. 그 별들 또한 벼랑 끝 돌고 돈 체험에 의한 경륜을 갖춘 별들이다. 다시 순정함과 경륜이 만나는 나이다.

바람소리, 물소리, 꽃그늘 지는 소리 귀에 들리는 대로 써도 우주 운항의 섭리에 맞는 시가 될, 시 쓰기에 맞춤한 나이다. 충청도 특유의 어투와 농촌공동체 원체험에서 우러난 농법시법 더욱 정련하시어 우리 민족시인의 큰 길 열어나가시길 빈다.